L'ILE DE FRANCE.

# L'ILE DE FRANCE

## I

JULES LECLERCQ.

M. Jules Leclercq est né en 1848, à Bruxelles. Élève de l'Université de cette ville, puis de l'École polytechnique belge, il se fit recevoir avocat et entra dans la magistrature. Les vacances du Palais lui donnant chaque année d'assez longs loisirs, il les consacre aux voyages. Observateur, lettré, savant, intrépide, il a visité successivement les principales contrées de l'Europe, de l'Afrique, de l'Amérique, de l'Asie, et au retour de chacune de ses lointaines excursions et expéditions, il en a publié le récit. Ses volumes, qui forment une petite bibliothèque, ont du succès, et le méritent. Ils se distinguent par deux qualités qui en rehaussent l'intérêt: le style très clair, l'exactitude des faits. Point de descriptions banales, pompeuses ou ronflantes, mais des tableaux vrais, frappants, souvent piquants, des aperçus judicieux. Rien qui vise au pittoresque de la phrase; par contre, des données sincèrement recueillies, nettement exposées, ne craignant pas le contrôle, des choses vues telles qu'elles sont, vivement dessinées, si fidèlement mises sous les yeux qu'on en a la parfaite intuition. On s'en rendra compte par les pages que nous reproduisons plus loin (1) et qui, dans l'ensemble comme dans les détails, offrent une vision très précise de l'île de France, où se passent les scènes poétiques de l'immortel roman de Bernardin de Saint-Pierre.

II

Découverte, en même temps que deux autres terres (la Réunion et Rodriguez), en 1505, par le Portugais Pedro de Mascareñhas (2), qui leur donna son nom (îles Mascareignes), et la seconde en importance d'étendue des trois îles anciennement sœurs, mais la plus avantageuse, au point de vue colonial, par ses ports de refuge, Maurice, que nous appelions l'île de France quand elle nous appartenait, occupe dans l'océan Indien, à 800 kilomètres à l'est de Madagascar, une superficie de 1.914 kilomètres carrés et possède une population de 377,000 habitants, dont 260,000 Indiens et 117,000 Européens, créoles, anciens esclaves ou affranchis et Chinois. Elle surgit isolément de l'Océan et se compose entièrement de rochers basaltiques ; volcanique à l'origine, elle n'a plus que des cratères éteints. Ses montagnes affectent des formes rondes (*mornes*) ou coniques (*pitons*) toujours tourmentées. Les sommets principaux sont : à l'ouest, le Pouce, masse superbe s'élevant comme un doigt, les Trois-Mamelles, dont il est souvent question dans *Paul et Virginie ;* au centre et à l'est, le Piton du milieu (593 mètres), le mont de la Terre Rouge, le mont des Créoles. Le Piton est dépassé de plus de 200 mètres par la montagne de la Rivière Noire (825 mètres), se dressant dans la partie sud-ouest de l'île. Près du Pouce se montre l'obélisque du Pieter-Booth (815 mètres), surmonté d'un énorme bloc globulaire, « que de rares gravisseurs, dit Élisée Reclus, escaladent au moyen de cordes et d'échelles » et dont M. Jules Leclercq fit l'ascension.

Quand le navigateur portugais en prit possession au nom de son gouvernement, à l'époque citée plus haut, mais sur laquelle les historiens et annalistes ne sont pas tout à fait d'accord, quelques-uns en fixant la date à 1543, il l'appela *da Cerno* (cerne) (3). Pour des raisons de salubrité sans doute, et peut-être aussi parce que la Réunion, plus grande et plus fertile, les attirait davantage, les Portugais ne s'y établirent pas. Les Hollandais, la trouvant à l'abandon, s'en emparèrent en 1598, et c'est à eux qu'elle doit son nom de Maurice, en l'honneur du stathouder Maurice de Nassau (4). Ils la délaissèrent eux-mêmes au bout d'un siècle, et en 1712 elle échut aux Français, qui étaient déjà maîtres de l'île Bourbon (5). En 1722, Louis XV la donna, par désintéressement de toute expansion colo-

<hr>

(1) Ces pages sont extraites du volume intitulé : *Au Pays de Paul et Virginie,* par Jules LECLERCQ. (Paris, librairie Plon.)

(2) D'autres pensent que ce fut le pilote Diego Fernandez Peirera qui visita le premier ces parages, en 1507. Le prince Roland Bonaparte, qui s'est livré à des recherches à ce sujet, adopte cette dernière opinion. (C. S.)

(3) *Da Cerno* dérive, paraît-il, du nom par lequel Pline semble avoir voulu désigner Madagascar.

(4) Voir la savante étude du prince Roland Bonaparte : *Premier établissement des Hollandais à Maurice,* 1890.

(5) On a dit que les Hollandais furent chassés de Maurice par la multitude de rats contre lesquels ils ne pouvaient défendre leurs récoltes. Quoi qu'il en soit,

niale, à la Compagnie des Indes orientales, et celle-ci la garda jusqu'en 1777.

Parmi les gouverneurs à qui cette Compagnie confia l'administration de l'île, le plus illustre fut Mahé de La Bourdonnais, fondateur de la

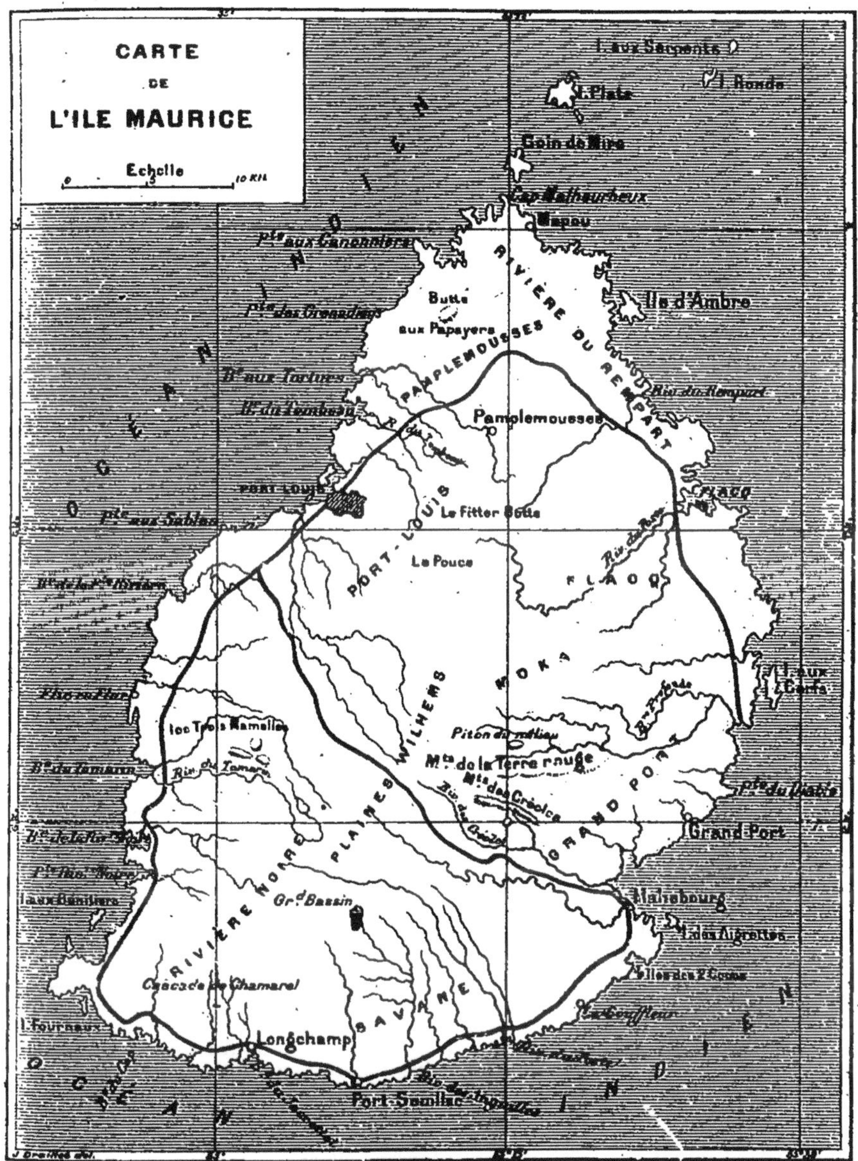


CARTE DE L'ILE MAURICE.

ville de Port-Louis, dont il fit la capitale. Durant les onze années de son gouvernement, il accrut considérablement la prospérité de toute l'île en développant ses ressources de toute nature.

le gouverneur de l'île Bourbon, M. de Beauvilliers, trouvant Maurice abandonné, six ans après le départ des Hollandais, en prit possession au nom du roi de France.

Mahé de La Bourdonnais fut le véritable créateur de la colonie. « Il réussit, dit M. J. Leclercq, à détruire les bandes de noirs marrons qui répandaient la terreur dans l'île. Pour relever le commerce et l'industrie, il développe les plantations de la canne à sucre et fonde des manufactures de coton et d'indigo. Aux habitants, jusqu'alors plongés dans l'apathie et l'indolence, il inculque l'esprit d'entreprise et d'activité : il leur fait cultiver les graines nécessaires à la subsistance des îles sœurs, et il prévient ainsi le retour des disettes périodiques. Surmontant les préjugés des planteurs, il introduit la culture du manioc, qu'il fait venir de Santiago et du Brésil. Dans cette île où il n'y a ni ingénieurs, ni architectes, il se fait lui-même architecte et ingénieur : il s'en va dans l'Inde, recrute à ses frais des ouvriers qu'il dirige lui-même ; il perce des routes, il construit des chariots. il creuse des canaux et des aqueducs ; il bâtit des quais, des moulins ; il édifie des arsenaux, des batteries, des fortifications, des casérnes, des magasins, des hôpitaux ; il amène à la ville l'eau des montagnes. Il songe à faire de l'île de France une seconde Batavia, ou, tout au moins, un entrepôt pour le commerce de l'océan Indien et un port de refuge pour les vaisseaux de la Compagnie, et, dans ce but, il crée des bassins et des cales sèches et il arme avec ses seules ressources un bâtiment de guerre, qu'il envoie en France et qui y est admiré (1). »

Grâce à La Bourdonnais, l'île de France devint une des stations les plus enviées de la route maritime des Indes. Aussi les Anglais la convoitaient-ils avidement (2), et dès qu'ils en eurent l'occasion en 1810, profitant des difficultés créées à Napoléon I<sup>er</sup> en Europe, ils envoyèrent à Port-Louis une armée de 12,000 hommes, sous les ordres du général Abercromby. Ce coup de main fut ratifié par les traités de 1814 et de 1815. L'île de France resta depuis lors à l'Angleterre, qui la débaptisa pour lui rendre le nom de Maurice (*Mauritius*) (3).

Charles SIMOND.

(1) Cette infatigable énergie dépensée au profit de la colonie déchaîna contre La Bourdonnais la jalousie et la calomnie ; à son retour en France, en 1740, il fut abominablement envié par ses ennemis, qui réclamèrent une enquête publique. L'épreuve lui fut favorable. Les ministres et les directeurs de la Compagnie approuvèrent sa conduite. Revenu dans l'île de France, il y érige une forteresse pour la défense de Port-Louis, puis il part pour l'Inde, où il se couvre de gloire dans la prise de Madras. (Voir le récit de cette expédition héroïque dans l'*Essai sur lord Clive*, par MACAULAY.) Accusé par Dupleix de trahir les intérêts de la Compagnie, il fut rappelé par la cour de Versailles. Fait prisonnier, pendant la traversée, par les Anglais, et mis en liberté sur parole, il fut arrêté à son arrivée à Paris et enfermé à la Bastille, où il resta trois ans. Ses ennemis échouèrent dans leur acharnement à le faire condamner, mais les souffrances de la captivité avaient brisé ses forces. Il mourut le 9 septembre 1753, à l'âge de cinquante-quatre ans. Bertrand-François Mahé de La Bourdonnais était né à Saint-Malo en 1699, et issu d'une vieille famille bretonne. Voir sur Mahé de La Bourdonnais et son temps les ouvrages de Barchou de Penhoen, Hamond, Martin, Malleson, Elliott. (C. S.)

(2) Les Anglais profitèrent des discordes entre La Bourdonnais et Dupleix, discordes qui furent si fatales aux colonies françaises.

(3) Les ouvrages sur l'île Maurice sont peu nombreux : en français, les travaux de Simonin (*Revue des Deux Mondes*), Erny (*Tour du monde*) du prince Roland Bonaparte ; en anglais, ceux de Beyle et de Flemming. L'étude la plus complète est le beau livre de M. Jules Leclercq, auquel il faut nécessairement recourir. (C. S.)

# L'ILE MAURICE

## I

### PORT-LOUIS.

En quarante heures, l'hélice a franchi les 470 milles qui séparent Madagascar de Maurice. Le 6 août, à sept heures du matin, neuf jours après le départ de Port-Natal, la perle de la mer des Indes était en vue. Le superbe soleil des tropiques montait dans un ciel clair et sans nuages, et l'île Maurice se levait du sein de l'Océan. J'éprouvais une bien douce émotion à la vue de cette terre, dont le nom évoque le touchant souvenir de deux figures qu'il nous semble avoir connues quand nous avions quinze ans. Voir l'île Maurice, qui fut l'île de France, n'était-ce pas l'accomplissement d'un rêve d'enfance qu'ont formé tous les lecteurs de *Paul et Virginie?* Il m'était donné de la voir, trente ans après que j'en avais lu pour la première fois la fascinante description d'un écrivain de génie. Et maintenant que j'étais sur le point d'y aborder, maints tableaux de l'idylle que je croyais avoir oubliés se représentaient vivement à mon esprit. Et je me parlais à moi-même : « Tu voulais voir l'île de France! La voici : regarde et jouis! Tant d'autres ont désiré la voir qui ne la verront point! »

A mesure que nous approchons de l'île, le tableau se dessine plus distinctement. C'est un chaos de montagnes volcaniques aux formes heurtées et étranges, hérissées de pinacles, d'obélisques; et quand on me les nomme, ces noms ne me paraissent point nouveaux, tant les persistants souvenirs de mes lectures d'enfance me les ont rendus familiers. C'est d'abord le morne de la Découverte, d'où l'on signale, aujourd'hui comme au temps de Bernardin de Saint-Pierre, les vaisseaux qui abordent dans l'île. Ce gigantesque doigt levé, qui semble menacer le ciel, c'est le Pouce, au sommet duquel Paul monta pour voir s'éloigner sur l'Océan le vaisseau qui emportait Virginie. Mais l'œil est surtout fasciné par le majestueux et troublant massif du Pieter-Booth, qui dresse, plus haut encore que le Pouce, la cime la plus extraordinaire qui se puisse imaginer, une cime en forme de champignon! L'ensemble du tableau est d'une grande beauté, et un voyageur qui a parcouru les deux mondes n'a trouvé à lui comparer que le célèbre paysage de la baie de Rio-de-Janeiro.

Nous entrons bientôt dans la rade du Port-Louis. Vue de la mer, la capitale de l'île me rappelle Funchal, dans l'île Madère, couchée dans un grand cirque de montagnes toutes couvertes de la verdure luxuriante des tropiques.

Quand on débarque sur le quai du Port-Louis, ce qui frappe tout d'abord, c'est la diversité de types et de langues et le bariolage de costumes qu'offre la population si mélangée de ce marché de l'Orient. Quoique l'île Maurice soit une colonie anglaise, la langue française y règne encore comme au temps où elle était l'île de France, et le type créole y semble mieux dans son cadre que le type anglo-saxon. Mais les blancs, qu'ils soient Créoles ou Anglais, ne forment qu'une infime partie de la population : à côté d'eux il y a les Mozambiques, les Malgaches, les Chinois, et l'immense armée des coulies hindous, ceux qu'on désigne sous le nom de Malabars, quoiqu'ils se recrutent dans toute l'étendue de l'Inde.

Le Port-Louis est la capitale de l'île. Elle compte, avec la banlieue, une population de soixante mille âmes, et elle a, avec cela, l'aspect d'une petite ville. Son nom a souvent varié sous divers gouvernements : sous l'empire elle s'appela Port-Napoléon, sous la République Port-Nord-Ouest ou port de la Montagne. Le nom de Port-Louis, que lui a restitué l'Angleterre, lui fut donné vraisemblablement en l'honneur de Louis XV, sous lequel l'île fut prise et appelée Ile de France. Il se peut aussi que ce nom lui ait été donné à cause du Port-Louis, situé près de Lorient, dans le département du Morbihan, d'où partaient les vaisseaux de la Compagnie des Indes et d'où Bernardin de Saint-Pierre fit voile pour l'île de France à bord du vaisseau *le Marquis de Castries*.

Le premier soin du voyageur qui débarque dans une capitale est de rechercher un hôtel, mais on peut ici se dispenser de ce soin, car il n'y a pas un seul hôtel au Port-Louis. La raison en est qu'il y va du salut du voyageur de ne point coucher une seule nuit dans la capitale, sous peine d'y contracter le germe de la fièvre. C'est que le Port-Louis n'est plus la ville que nous a décrite Bernardin de Saint-Pierre : de son temps, les fièvres y étaient pour ainsi dire inconnues ; il a suffi de l'invasion des Hindous, race très encline aux fièvres, pour en faire un des plus dangereux foyers d'infection du monde entier. Aussi il n'y a guère que les gens de couleur, Hindous, Chinois et Mozambiques, qui y aient leur résidence permanente ; les blancs, Anglais ou Créoles, le gouverneur lui-même, y séjournent le moins possible, et sitôt leurs affaires terminées, se retirent à la campagne, loin de la côte insalubre, sur les hauteurs qui s'étagent de Rose-Hill à Curepipe. C'est à Curepipe, sur le plateau le plus élevé de l'île, à une heure de chemin de fer de Port-Louis, que se trouve le seul hôtel de Maurice, et c'est là que nous irons coucher chaque nuit.

En débarquant au Port-Louis, je n'y ai d'ailleurs plus trouvé debout que la moitié de la ville ; l'ouragan (1) et le feu (2) ont détruit l'autre moitié. Des deux éléments, le plus redoutable a été l'ouragan, parce que le fléau n'a pas été simplement local, mais s'est appesanti sur une grande partie de l'île et a coûté trois mille vies humaines, sur une population qui ne s'élève pas à trois cent mille âmes. —

La partie du Port-Louis épargnée par les éléments a un air riant qui contraste avec l'aspect de désolation des quartiers détruits. Je n'ai rien vu de plus frais ni de plus vert que les ombrages de la place d'Armes, sous lesquels le nouveau débarqué fait son entrée dans l'île de France. Sur les deux côtés de la place se développent deux allées plantées de gigantesques multipliants aux vieux troncs noueux de bois noir, et de ces merveilleux acacias de Madagascar connus sous le nom de flamboyants, à cause de leurs splendides fleurs écarlates qui ont l'éclat de la flamme. De gentils lézards prennent leurs ébats sur les branches des multipliants, qui offrent un enchevêtrement compliqué de lianes retombant jusqu'à terre. Au milieu de ces ombrages, qui sont comme un abrégé des tropiques, se dresse une belle statue de bronze du vrai fondateur de la colonie, Mahé de La Bourdonnais, qui fut gouverneur des îles de France et de Bourbon de 1734 à 1746, précisément à l'époque où se place l'histoire de Paul et Virginie, dans laquelle le nom de La Bourdonnais revient souvent. Par son administration intelligente et énergique, il a laissé dans l'île de France d'impérissables souvenirs, et aujourd'hui encore les Mauriciens vouent un culte d'admi-

(1) Cet ouragan, d'une violence extraordinaire, sévit sur l'île Maurice le 29 avril 1892. Dans l'espace d'une heure le baromètre baissa de 27° 95. Les désastres causés dans la capitale et dans toute l'île furent considérables, 1,200 personnes périrent, il y eut plus de 3,000 blessés. Port-Louis fut en partie détruit. (C. S.)

(2) Port-Louis a été, plusieurs fois, le théâtre d'incendies qui furent de véritables désastres. Un des plus terribles fut celui de 1816, qui détruisit le principal quartier de la ville, la magnifique bibliothèque publique, des maisons somptueuses, les magasins les plus approvisionnés. (C. S.)

ration et de reconnaissance à ce grand homme qui fut enfermé à la fin de sa vie à la Bastille et mourut victime de l'ingratitude de sa patrie.

Créée par La Bourdonnais, la ville du Port-Louis a gardé la vieille physionomie française que lui a imprimée son fondateur, et qu'a respectée l'occupation anglaise (1). Aujourd'hui, comme au temps où la décrivait Bernardin de Saint-Pierre, elle a encore des maisons en bois, des rues boueuses et mal pavées ; le seul progrès, ce sont les voitures qui ont remplacé les palanquins dans lesquels autrefois les nonchalants Créoles se faisaient porter par des esclaves importés d'Afrique et de Madagascar. Les rues, que le gouverneur français a tirées au cordeau, ont la régularité des villes américaines,

LE MORNE DE LA DÉCOUVERTE.

mais elles ont tout le pittoresque et la saleté des villes des tropiques. La rue de la Chaussée, la rue Royale, la rue des Cordeliers sont pleines d'animation et de couleur locale, avec leurs échoppes chinoises, où l'on peut voir les disciples de Confucius tenir leurs comptes avec des plumes de bambou. Ils vendent en détail tout ce que peut consommer un ménage, et quoique personne ne les comprenne, ils s'abouchent avec tout le monde. Pour passer d'une scène de mœurs chinoises à une scène de la vie hindoue, il suffit de franchir le seuil de la mosquée : là, sous les sveltes et gracieuses colonnes blanches qui se mirent dans les bassins de la cour aux ablutions, se promènent de graves brahmanes, et l'on pourrait se croire au cœur de l'Inde.

Ce n'est pas sortir de l'Inde que d'aller au bazar, qui est à deux pas de la mosquée, et où les Hindous apportent les produits de

(1) Port-Louis a un aspect cosmopolite, mais il est demeuré français. On y a conservé autant qu'au Canada le culte de la patrie perdue. Beaucoup de commerçants y ont des enseignes en français comme dans le vieux Québec. (C. S.)

l'île, légumes, fruits, poissons, viandes et volailles. Dans cette Babel, où règne la confusion des langues, chaque race s'en tient à sa marchandise. Les Malabars ont la spécialité de la vente des fruits et des légumes, qu'ils cultivent dans les environs de la ville, et qu'ils apportent avant le jour dans de petites charrettes à ânes; les Créoles vendent le pain français; les Arabes tiennent les mar-

PORT-LOUIS. — LA BANQUE NATIONALE.

chandises sèches, riz, maïs, café, épices; les Chinois vendent la viande de porc, dont leurs congénères sont très friands, à l'inverse des Hindous et des Créoles, qui considèrent cette viande comme malsaine dans ce climat chaud. J'ai retrouvé ici presque tous les fruits que j'ai vus dans les marchés mexicains, bananes, cocos, mangues, ananas, papayes, limons, goyaves, avocats; mais plusieurs de ces fruits, communs à toutes les contrées tropicales, sont connus ici sous des noms différents. Le fruit le plus commun est la banane, dont les Hindous font d'excellentes fritures. Je n'ai vu nulle part une aussi prodigieuse variété de poissons : il y en a de toutes formes, de toutes tailles, de toutes couleurs, et leurs écailles ont souvent la richesse et la beauté du plumage des oiseaux des tropiques. Il n'est pas jusqu'au monstrueux requin qui ne se vende ici en tranches dont les Hindous font grande consommation. Au marché comme partout, les payements se font en roupies, et ce n'est pas une de mes moindres surprises, en débarquant dans cette colonie anglaise, que de me voir refuser mes livres sterling parce que la monnaie de l'Inde est la seule qui y ait cours. Je me suis donc approvisionné de roupies chez un banquier hindou.

Ce qui cause une impression pénible au Port-Louis, c'est de voir l'aspect abandonné de la plus grande partie de la ville. Dès qu'on quitte le voisinage du port, on trouve des rues désertes, où la moitié des maisons portent la mention *à louer*. De grands et beaux magasins, qui regorgeaient autrefois de marchandises précieuses et qui atteignaient une énorme valeur locative, sont loués, aujourd'hui, pour des prix dérisoires, à des hommes de couleur, Malabars, Arabes, nègres ou Chinois, qui en font d'ignobles boutiques de cigares ou d'épiceries, où se débitent en détail le tabac de Bourbon et les cigares hindous, les « madras » et les « coconada ». La dépréciation de la propriété au Port-Louis date de l'invasion des fièvres. La population blanche a déserté la capitale et s'est retirée dans les régions salubres de l'île.

Ce sont des métis paresseux et sales qui vivent aujourd'hui dans les somptueuses demeures qu'un amour raffiné du luxe avait fait élever.

Pour restituer au Port-Louis sa physionomie primitive, il faudrait en modifier les conditions sanitaires, soit par un système de drainage, soit par la transformation des égouts, qui sont établis d'une façon défectueuse. Mais depuis un siècle, les détritus se sont stratifiés en couches tellement épaisses, surtout dans le voisinage du port, qu'on n'ose mettre la main à l'œuvre, de peur, en remuant le sol empoisonné, de provoquer d'effroyables épidémies, comme il est arrivé lorsqu'on fit les terrassements pour l'établissement du chemin de fer. Comment sortir de ce terrible dilemme? Comment rendre à l'île Maurice, ce joyau de l'Orient, une capitale digne d'elle (1)?

(1) Cette décadence date de loin. Elle est due à bien des causes. Dumont d'Urville la prévoyait déjà, il y a plus de soixante ans, lorsqu'il visita l'île de France, au cours de son voyage autour du monde. On ne saurait oublier les paroles qu'il met dans la bouche de son cicerone Verger.

« Il me fit passer en revue les vastes magasins de l'Entrepôt (de Port-Louis) où s'empilaient les cargaisons de l'Europe et de l'Inde. On y voyait des barriques de vin par trente et quarante mille, des pyramides de soieries, des montagnes d'indigo, de thé, de nankin. Ici on roulait des tonneaux, là on pesait des caisses, ailleurs on réglait des factures, soit avec des piastres fortes, soit avec le papier-monnaie qui a cours dans la colonie.

« — Voilà un commerce florissant, dis-je.

« — Moins qu'on ne le croirait. Il y a des haillons sous ces paillettes d'or;

Dans cette capitale, qui n'est plus que l'ombre d'elle-même, il n'y a ni hôtels, ni cafés, ni clubs, ni même de restaurants, car on ne peut considérer comme tel le magasin de pâtisseries de la rue de l'Eglise, la « Flore mauricienne ». Mais ce qui m'a le plus déconcerté, c'est de ne point trouver ici ce que j'ai trouvé dans toutes les colonies du monde, un libraire.

## II

### CUREPIPE.

L'île Maurice est divisée en neuf districts ou *quartiers*, pour employer l'expression locale des Créoles, que Bernardin de Saint-Pierre s'est appropriée en parlant de ce « quartier des Pample-

Port-Louis est exploité par une race de brocanteurs que l'on a surnommés *banians*, dépisteurs de petites affaires, fraudeurs de marchandises, détrousseurs des nouveaux débarqués qui ne savent se défendre. A l'arrivée d'un navire, la grande comédie se joue. De ce qu'il porte nul ne veut; tous demandent à grands cris ce qu'il ne porte pas. En fait de commerce il n'y a ici que du tripotage. Dans les premières années de la paix, on y afflua des quatre points cardinaux, on y vint avec des pacotilles de toute sorte, pacotille de marchandises et pacotille d'hommes. Dans les premières années, comme il y avait pénurie de tout, les chances furent belles, mais peu à peu on regorgea de monde et de denrées, il y eut plus de spéculateurs que d'affaires, et la réaction arriva. Le sucre était de tous les produits de l'île le plus demandé et le plus lucratif. On rasa les caféiers pour planter des cannes. Alors et peu à peu le sucre baissa jusqu'à ne pas produire les frais de manutention, et il fallut se retourner vers d'autres cultures. A Port-Louis un autre vertige s'emparait des esprits. Avec les premiers bénéfices était venu le goût du luxe; au lieu des anciennes habitations, simples mais commodes, on bâtit des palais; au lieu de modestes palanquins, ou voulut des voitures et des chevaux de luxe. Les bals, les soirées, les thés somptueux prirent le dessus sur les habitudes bourgeoises des créoles. On faisait assaut de fêtes et de festins, car l'usage était alors de mesurer le crédit et la fortune d'un homme sur le train de sa maison. Que résulta-t-il de tant de folies? Des faillites, des pertes irréparables pour les négociants honnêtes, des prétextes de bilan pour les fripons. Depuis cette débâcle la colonie a eu de la peine à relever son crédit au dehors. Les armateurs étrangers y ont été victimes de toutes les façons, par la baisse des prix, par les banqueroutes, par l'exagération des denrées et de la main-d'œuvre. Un séjour de trois mois à Port-Louis pour un navire, c'est une ruine. Il n'y a pas de bénéfice d'armement qui y résiste, pas de prix de nolis qui le compense. Ce qui est pis encore, c'est que notre commerce n'a pas de caractère précis; il est français par les sympathies et les souvenirs, anglais par la force et les convenances. Nos créoles demandent des articles parisiens, et l'exagération des tarifs nous empêchent de les fournir. Il faut tromper, maquignonner ou se ruiner. Quelque jour pourtant nos affaires reprendront une allure plus déterminée, la situation de l'île de France, son admirable port, son sol fertile l'emporteront sur les sottises des hommes. La nature a tout fait pour nous. Il s'agit seulement de ne pas gaspiller ses œuvres. Ici peuvent aboutir les jonques chinoises, les bateaux pontés de Manille, les *ships* de la Compagnie des Indes, les caïques de l'Arabie, qui viendraient échanger les denrées asiatiques contre les chargements européens. Qu'on fasse de l'île de France un port franc, un bazar neutre, et l'équilibre est rétabli, et l'âge d'or commercial naîtra sur ce petit point de l'océan Indien.

« J'avais laissé parler Verger, et peu à peu cet homme, se sentant sur son terrain, s'était échauffé, s'était grandi jusqu'à l'enthousiasme. Rentré dans mon pavillon, je pris en note cet entretien. Pauvre Verger! de longtemps encore il ne verra réaliser son utopie de port franc! C'est trop beau pour que la diplo-

mousses » dont le nom est connu dans le monde entier. Les sept quartiers qui avoisinent la mer ont été désertés par les blancs depuis que les fièvres en ont rendu le séjour dangereux. Mais le centre de l'île forme un plateau dont l'élévation est assez grande pour que les fièvres ne puissent y germer comme le long des côtes : là se trouvent les deux quartiers de Moka et des Plaines Wilhems. C'est dans les Plaines Wilhems que le plateau atteint sa plus grande altitude, et c'est là que la population blanche est la plus dense.

Il y a vingt ans à peine, les Plaines Wilhems étaient absolument inhabitées : c'était une vaste forêt vierge, dont la solitude n'était troublée que par les chasses aux cerfs. Aujourd'hui les Plaines Wilhems sont devenues le séjour des blancs, qui les ont défrichées pour y planter la canne à sucre. On y rencontre de nombreux villages portant pour la plupart des noms français, tels que Beau-Bassin, Quatre-Bornes, Petite-Rivière, Curepipe, les Pailles, Eau-Coulée, Vacoas, le Mesnil. Ce n'est que de loin en loin que dans cette île anglaise apparaît un nom anglo-saxon, tel que Rose Hill ou Forest Side, qui sonnent un peu durement à l'oreille à côté des jolis noms au parfum créole.

Le plus gros de tous ces villages, c'est Curepipe. Un nom qui, pour être d'origine créole, n'en est pas plus poétique. Au temps où les Plaines Wilhems n'étaient encore qu'une forêt, il y avait ici un relais de poste où les voyageurs s'arrêtaient pour « curer leurs pipes ». Le chemin de fer est venu, le relais a disparu, le mot est resté.

C'est donc par chemin de fer à voie étroite qu'on se rend aujourd'hui du Port-Louis à Curepipe par le Midland Line, dans de très confortables voitures munies d'un étage où voyagent les coulies hindous et chinois. Les règlements affichés dans les voitures et dans les gares sont rédigés en quatre langues : anglais, français, chinois et hindoustani ; la distance est de vingt-cinq kilomètres, le prix de deux roupies, la durée du trajet d'une heure et quart. La route est ravissante : je la fais presque journellement dans chaque sens, et toujours avec un plaisir nouveau. Au sortir du Port-Louis, la voie contourne la montagne de la Découverte, traverse les faubourgs de Cassis et Coromandel, dont le nom indique une agglomération d'Hindous, et franchit, tout près de son embouchure, la grande rivière Nord-Ouest sur un audacieux pont en fer qui a remplacé celui que le dernier ouragan détruisit comme

matie s'y prête. » (DUMONT D'URVILLE, *Voyage autour du monde*. (Furne-Jouvet, et Cⁱᵉ, édit. de 1868, t. I, p. 74-75.)

Dumont d'Urville se trompait. La diplomatie s'est prêtée à cette chimère. Depuis 1852, Maurice jouit d'une liberté commerciale complète ; elle admet, à deux ou trois exceptions près, les produits de tous les pays, aucune surtaxe de pavillon n'est imposée aux bâtiments étrangers... mais l'âge d'or n'est pas revenu.

(C. S.)

un frêle château de cartes au moment même où s'y engageait un

PORT-LOUIS. — CHASSE-MARÉE CHARGEANT DU SUCRE.

train qui fut précipité tout entier dans la rivière d'une hauteur de

miers objets qu'on aperçoit lorsqu'on arrive par mer au Port-Louis. Bientôt on perd de vue la mer, et on s'élève, par une succession de plans inclinés et de courbes hardies, vers la région des hauts plateaux. De charmants tableaux défilent sous les yeux : partout des plantations de cannes à sucre qui promettent une riche récolte et parmi lesquelles surgit, çà et là, une case indienne, en bambou, entourée d'un petit jardin où croissent le palmier indigène, le bananier, et le bizarre vaquois (*pandanus utilis*), cet arbre essentiellement mauricien. Les Malabars et les gracieuses filles de l'Inde sont bien dans leur cadre naturel au milieu de ces chauds et lumineux paysages. Pendant toute la route défilent sous les yeux des montagnes d'un aspect si spécial qu'on ne saurait les oublier une fois qu'on les a vues. C'est d'abord, à droite, le Corps-de-Garde, qui doit son nom à sa silhouette bizarre, rappelant d'une façon frappante le corps d'un soldat couché. Puis, à gauche, le Pouce et le Pieter-Booth, les deux cimes les plus saillantes de la chaîne volcanique des Calebasses. A droite encore, le Rempart, énorme obélisque qui, vu de Vacoas, a une surprenante ressemblance avec le mont Cervin; enfin, la montagne que les Créoles désignent par l'appellation imagée de Trois-Mamelles, ainsi nommée, dit Bernardin de Saint-Pierre, parce que ces trois pitons en ont la forme. C'est au pied des Trois-Mamelles que se passe un des plus touchants épisodes de *Paul et Virginie,* l'histoire du nègre Domingue et du chien Fidèle retrouvant les deux enfants perdus dans la forêt après leur voyage à la Rivière Noire, où ils ont été implorer, chez un maître inhumain, le pardon de la négresse marronne.

L'hôtel que j'ai choisi, ou plutôt que je n'ai pas choisi, puisque c'est le seul qu'il y ait dans toute l'île, est à cinq minutes de la gare. Il est tenu par une soi-disant veuve entre deux âges, une Anglaise qui ne sait pas un mot de français, mais qui parle couramment avec les coulies ce étrange patois franco-créole du peuple mauricien, et qui est compris aussi bien des Hindous que des Créoles, aussi bien des Chinois que des nègres. Le dîner, qui a lieu à sept heures, à l'arrivée du dernier train du Port-Louis, fait honneur au cuisinier, un Vatel hindou plein de ressources, qui nous prépare admirablement le gibier, qui nous compose de savants curries indiens très pimentés, et qui excelle surtout à nous faire des fritures de bananes.

Curepipe est une création de date si récente qu'aucun voyageur n'en a fait mention. Au temps où les chasseurs s'y arrêtaient pour curer leur pipe, les seuls résidents y étaient d'anciens esclaves noirs qui étaient possesseurs du sol non encore défriché de ses forêts vierges, et qui furent trop heureux de vendre leurs domaines à beaux deniers aux riches planteurs que les fièvres chassèrent du Port-Louis vers 1870. Peu à peu, Curepipe devint ainsi le sanitarium de Maurice, et aujourd'hui c'est un gros village de plus de douze mille âmes, tendant à devenir la seconde capitale de l'île, au détriment du Port-Louis, qui se dépeuple chaque année.

Ce que les Mauriciens recherchent à Curepipe, c'est précisément ce climat humide que nous fuyons dans nos contrées du Nord : sur ce point culminant du plateau, à 560 mètres d'altitude, les nuages crèvent en pluies continuelles, surtout depuis le défrichement inconsidéré des forêts, et ces pluies, qui rafraîchissent et purifient l'atmosphère, passent pour être le meilleur antidote contre la fièvre. On peut, me dit-on, contracter impunément le germe de la malaria au Port-Louis, si on ne lui donne pas le temps de se développer dans un milieu propice : il suffit, pour tuer le germe, de coucher à Curepipe.

Je ne sais si Curepipe deviendra jamais une ville; mais actuellement elle n'a aucunement l'aspect urbain : c'est plutôt un groupe assez pittoresque de villas et de cottages entourés de charmants jardins que clôturent des haies de bambous. Sous ce ciel humide s'épanouit une exubérante végétation de fougères, d'azalées, de bégonias et autres plantes du midi de l'Europe qui, à cette altitude, se plaisent fort bien à côté du vaquois, du bananier et de l'arbre du voyageur. Comme les habitations sont disséminées à une grande distance les unes des autres, le village couvre une vaste étendue de terrain, et c'est ainsi que Curepipe n'a pas moins de trois stations de chemin de fer qui en desservent les différents quartiers. Une de ces gares porte le nom de *Forest Side* (lisière de la forêt), parce que le quartier qu'elle dessert confine à un vestige de la forêt qui recouvrait autrefois toute l'étendue des Plaines Wilhems.

Ce n'est que dans le voisinage de la gare centrale qu'il y a de véritables rues, dont le sol, toujours détrempé par les pluies, serait impraticable s'il n'était soigneusement macadamisé. A lire les enseignes qui s'étalent sur les échoppes des Créoles, on pourrait se croire dans un village français. A côté de « *la Mode parisienne* », il y a « *la Flore curepipienne* ».

Les attractions de Curepipe se bornent à un jardin botanique en voie de formation, où j'ai admiré une splendide collection de fougères; la musique militaire y joue lorsqu'il ne pleut pas, ce qui arrive de loin en loin. Curepipe est, en effet, le quartier général des highlanders écossais, qui cherchent à tromper les ennuis de l'exil en jouant tout le long du jour de leurs cornemuses. On montre aussi aux étrangers le « jardin de thé », essai de plantation de thé dû à l'initiative d'un particulier.

La vraie attraction de Curepipe, c'est, en réalité, la société mauricienne, dont l'élite se trouve ici réunie, et s'ingéniant à rendre agréable le séjour d'un étranger qui se sentirait, sans cela, un peu isolé dans une île aussi éloignée de l'Europe. J'ai été reçu par quelques familles d'un commerce charmant, et c'est surtout chez

les vieilles familles françaises de la colonie, comme les Chastelier
et les Rouillard, que j'ai trouvé l'accueil le plus affectueux et le
plus franc.

En franchissant le seuil de ces maisons d'aspect avenant et hos-
pitalier, il me semblait reculer d'un siècle, et j'avais l'illusion de
me trouver chez des contemporains de La Bourdonnais, tant les
mœurs domestiques y sont demeurées simples et partriarcales,
tant la vieille langue française y a gardé son parfum d'autrefois.

LA DANSE DU FEU.
FÊTE DES INDIGÈNES DE L'ILE MAURICE.

Et quand j'étais invité à m'as-
seoir à la table familiale,
j'étais frappé du nombre de
convives de tout âge, car,
chez les Mauriciens, c'est un
honneur qu'une nombreuse
postérité. La table était ser-
vie à la manière créole, avec
l'inévitable curry indien, sans
lequel un repas mauricien
serait incomplet; au dessert,
apparaissent les succulents
ananas et les délicieuses bananes. Puis on faisait d'ex-
cellente musique, car tous
les Mauriciens français sont
musiciens; et de jeunes beau-
tés créoles, au teint légè-
rement basané, aux yeux
bruns et vifs, s'asseyaient
au piano, prenaient l'archet
ou chantaient une romance
de Gounod. Et j'avais alors
grand'peine à me persuader
que j'étais non plus dans
l'île de France, mais dans une colonie anglaise.

J'ai été frappé, à ce sujet, du mot d'une Mauricienne française
qui est la femme d'un des plus hauts magistrats du pays : « J'ad-
mire les Anglais, disait-elle, tout en les détestant du fond de mon
cœur. » Et, dans son impitoyable logique, elle envoie ses fils faire
leur éducation à Londres, afin qu'ils apprennent à se défendre
contre l'Anglais qui est habile, entre tous, à faire face aux luttes
de la vie. L'un de ses fils exerce, avec le plus grand succès, la
médecine dans une des colonies anglaises de l'Afrique.

Tel est le sort des familles créoles, dont les fils n'ont qu'un moyen
de faire fortune, c'est de s'expatrier. Et ainsi, l'île Maurice se
dépeuple rapidement de l'élément créole, auquel l'invasion hindoue
a été fatale.

LA CÔTE DE LA RIVIÈRE NOIRE.

## III

### LE POUCE.

Comme le Port-Louis est situé immédiatement au pied du Pouce, l'ascension de cette montagne est le premier objet du voyageur qui veut se faire une idée de la topographie et de l'aspect de l'île Maurice.

A la différence de l'île Bourbon, que les Mauriciens appellent l'île sœur, l'île Maurice n'a point de montagnes très élevées : aucune n'atteint mille mètres d'altitude; mais, par une singulière illusion d'optique, elles paraissent beaucoup plus hautes, et l'œil se méprend sur leurs véritables proportions. Cet effet peut être attribué tout à la fois à la transparence de l'air et à la forme aiguë des montagnes, toutes d'origine volcanique : au lieu de s'élever en pente douce, elles sont tellement à pic que l'ascension en est généralement très difficile, sinon impossible. Lorsqu'on m'assurait au Port-Louis qu'il ne faut pas deux heures pour arriver de la ville au sommet du Pouce, je n'osais rien en croire, tant cette cime paraît haute dans son isolement, à demi perdue qu'elle est dans les nuages, dont elle s'enveloppe chaque matin comme d'un manteau. Sa hauteur n'est pourtant que de 808 mètres; mais comme elle n'est dominée que de quelques mètres par le Pieter-Booth, qui, à une lieue plus loin, forme le point culminant de la chaîne dont elle fait partie, elle ne paraît si haute qu'à défaut de point de comparaison dans le voisinage.

Le Pouce occupe le fond de ce vallon formé en cul-de-sac, suivant l'expression de Bernardin de Saint-Pierre, à l'entrée duquel est situé le Port-Louis, et qui peut avoir trois quarts de lieue de profondeur. On le désigne sous le nom de vallée Pitot. Au siècle dernier, les Français tracèrent une route qui s'élève en pente douce de la vallée Pitot vers le fond du cul-de-sac, franchit la montagne par un col situé immédiatement au-dessous du piton terminal du Pouce, et descend à pic dans la plaine de Moka par une série de lacets. Cette route est, aujourd'hui, dans un déplorable état d'abandon, et, à moins de la connaître, on ne la trouve pas sans peine.

Nous traversons toute la ville jusqu'au Champ de Mars, au bout duquel commence la vallée Pitot. Le Champ de Mars est un grand plateau herbeux couvert de débris volcaniques et ayant toutes les apparences d'un ancien cratère dont les parois se seraient brisées au nord-ouest du côté de la mer. Au temps de l'île de France, le Champ de Mars était, au témoignage de Bory de Saint-Vincent, entièrement planté de bois noirs, et servait de promenade publique;

mais aujourd'hui on n'y voit plus un seul arbre, et l'ouragan vient de renverser le tombeau du général Malartic, qui s'élevait au centre de la plaine.

Après de laborieuses recherches, nous découvrons enfin la vieille route militaire construite par les Français, mais tellement envahie maintenant par la forêt vierge, que le piéton peut seul s'y aventurer.

Le chemin n'est plus qu'un étroit sentier tracé par les pieds nus des Indiens à travers les hautes herbes sous lesquelles se dissimule l'ancienne route. A droite s'élève un énorme rocher basaltique, de trois à quatre cent mètres de hauteur, dont la corniche surplombante semble prête à crouler. Cette muraille, qui se détache de la chaîne des Calebasses, rappelle le formidable escarpement du Grand Eiger, dans l'Oberland Bernois. Il y a quelques années, on a commencé à y creuser un tunnel dans le double but d'amener au Port-Louis les eaux de la rivière de Moka et de raccourcir la distance entre les deux localités; mais le travail a été abandonné. Tout en côtoyant la muraille, le chemin s'engage bientôt dans un charmant bois d'acacias, où s'épanouit une luxuriante végétation de fougères, et où l'air vif et élastique est imprégné du parfum du jasmin sauvage. C'est un des sites de l'île de France telle que je me la représentais lorsque, enfant, je lisais *Paul et Virginie*. Cette charmante solitude n'est pourtant pas si complète que, de temps à autre, je n'y rencontre un Malabar ou un Bengali aux jambes nerveuses, se rendant de Moka au Port-Louis, et qui m'adresse, en passant, son traditionnel *salam*.

Au sortir du bois, on aborde un plateau qui fut cultivé autrefois, mais où ne croissent aujourd'hui que des aloès. Un clair ruisseau, aussi frais que ceux des Alpes, court le long du sentier, sur un lit bordé de mousses. En cet endroit, les anciens gouverneurs de l'île de France érigèrent un fort dont les ruines sont encore visibles, et qui dominait tout le pays. Ce plateau, situé à la base du Pouce, présente les traces évidentes d'un de ces anciens foyers d'activité volcanique qu'on trouve sur tant de points de l'île. Du point culminant du plateau, le regard embrasse à la fois le Port-Louis et les plaines de Moka et de Williems. Par un temps clair, on aperçoit même l'île Bourbon, qui est à quarante lieues de là.

Je ne sais combien de temps je suis resté immobile devant ces immenses horizons, car j'étais tombé dans une rêverie profonde en songeant que j'étais tout simplement au lieu où Bernardin de Saint-Pierre place une de ses scènes les plus touchantes : ce fut, en effet, de cette élévation que Paul aperçut, à plus de dix lieues au large, le vaisseau qui emmenait Virginie. Il me semblait le voir, le vaisseau, comme un point noir au milieu de l'Océan, de même que Paul qui croyait le voir encore, alors qu'il était déjà disparu; et, comme lui encore, je me suis assis dans ce lieu sauvage, toujours battu des vents, et, par un de ces sauts d'idée si fréquents

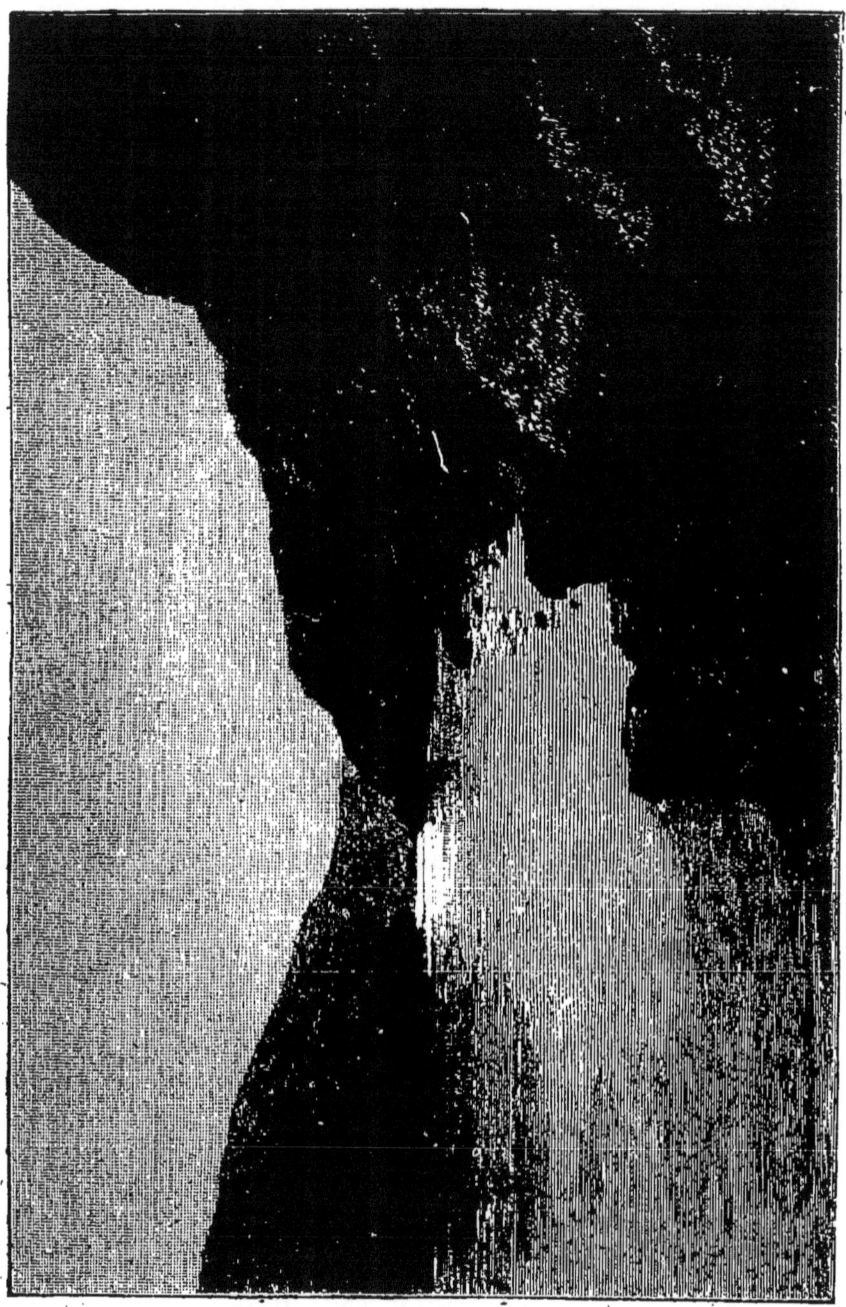


dans la rêverie, j'ai pensé aux miens dont j'étais si loin et que j'ai laissés là-bas si affligés de mon absence.

Il me restait à gravir le Pouce proprement dit. C'est un piton pointu qui n'est accessible que du côté du plateau, car, ailleurs, ses parois sont absolument à pic. Et même, quand on le considère du plateau, il paraît encore très escarpé et d'un accès difficile. Je cher-

chais des yeux par où je pourrais en tenter l'escalade, quand je découvris, du côté de la plaine de Moka, une petite piste, à peine visible, s'ouvrant à travers les hautes herbes, dans la direction de la cime.

Il était midi quand je m'engageai par cette piste, et je passai bientôt de l'éclatante lumière du tropique à la demi-nuit de la forêt, qui s'épanouit depuis la base du piton jusqu'au pied du rocher terminal. Dans l'argile glissante, je reconnaissais les empreintes des pieds nus des Indiens qui ont frayé ce sentier à travers un inextricable fouillis d'arbres et de plantes, véritable forêt vierge qu'on est tout surpris de trouver à pareille altitude : les ébéniers, les oléandres, les acacias, avec leur décor de lianes et de parasites, formaient, au-dessus de ma tête, une si épaisse voûte de verdure, qu'il m'était impossible de reconnaître la direction de la cime. Il y avait là mille variétés de fougères, de moussés, de lichens, d'orchidées. Ce n'était pas chose aisée que de se frayer, tout seul, un chemin à travers un enchevêtrement aussi compliqué de branches et de racines, et sur un sol argileux tellement détrempé par les pluies, qu'il n'y avait d'autre moyen d'éviter de continuelles glissades, que de gravir à la fois avec les pieds et les mains, en me suspendant aux arbres, à la façon des singes. La voûte de feuillage descend si bas que, tout le temps qu'on met à traverser cette forêt, il faut marcher le dos courbé et la tête baissée. Je ne sais combien de chutes j'ai faites en m'appuyant sur des branches desséchées qui se brisaient, ni combien de fois j'ai perdu mon chapeau qui s'accrochait dans les arbres. L'oiseau moqueur, qui sautillait à deux pas de moi avec une familiarité provocante, semblait s'amuser fort de mes petites mésaventures. Enfin, quand j'arrivai au bout de cette forêt si fatigante, je reconnus avec joie que je n'avais pas dévié de la route à suivre. J'étais au pied du cône terminal, gros rocher aigu dont les parois ne portent plus que des touffes d'herbe. C'est en m'accrochant à ces touffes d'herbe et en côtoyant de vertigineux précipices que je parvins, après trois quarts d'heure d'escalade depuis le plateau, au sommet du Pouce, assez fier d'y être arrivé seul et sans le secours d'un guide.

La cime du Pouce est un petit plateau de deux mètres de large, de dix mètres de long, surplombant de tous côtés des précipices à pic, sauf du côté de Moka. Le vent est si violent sur cet étroit pinacle que, pour ne pas être entraîné dans les précipices, je dus me cramponner à la pyramide en ciment, de cinq pieds de haut, qui y a été érigée en guise de signal géodésique. Assis au pied du petit monument, je déjeunai des provisions que j'avais apportées. La vue qu'on embrasse du haut de ce piton aérien est d'une prodigieuse grandeur : on domine l'île entière, comme du haut d'un aérostat planant dans les airs.

Presque au pied de la montagne se déploie, comme un jeu de dominos, le Port-Louis, avec ses rues très droites, son Champ de Mars, sa forêt de mâts, son bateau-phare, l'île madréporique du Fort-Georges, qu'une chaussée relie à la ville, et, au delà, à perte de vue, l'immense nappe bleue de l'océan Indien, paraissant monter vers l'horizon, au bout duquel l'imagination entrevoit le piton des

Neiges de l'île Bourbon, caché par la brume, et plus loin encore, Madagascar et la côte du mystérieux continent noir. Dans la direction opposée, vers le sud, se déroule la riante plaine de Moka, avec ses plantations de cannes à sucre, qui apparaissent comme autant de jardins cultivés, avec ses routes et ses rivières encadrées de verdure, ses blancs villages, ses chemins de fer et ses cheminées de sucreries qui forment un prosaïque contraste avec cette poétique Arcadie; plus loin, dans les Plaines Wilhems, de nombreux points blancs piquent le paysage doré et indiquent la place de Curepipe. Le centre de cette vaste carte en relief est marqué par une montagne en forme de pain de sucre, d'une admirable régularité, que sa situation a fait nommer le *Piton du milieu de l'île*. D'autres pics se lèvent dans toutes les directions; au sud-ouest, le Corps-de-Garde, le majestueux Rempart, le massif des Trois-Mamelles; au sud, les monts lointains de la Rivière Noire et de la Savane; au sud-est, la montagne Blanche; à l'est, le monstrueux champignon du Pieter-Booth, le point de mire du tableau, qui, dans la très pure atmosphère, semble n'être qu'à une portée de fusil; enfin, vers le nord, la plaine des Pamplemousses, la baie du Tombeau, le cap Malheureux, le Coin de Mire, l'île d'Ambre, autant de lieux dont les noms rappellent le drame de *Paul et Virginie*.

Une vallée s'ouvre au pied du Pouce, à laquelle l'œil revient toujours comme attiré, car c'est là, au bord de la rivière des Lataniers, courant comme un ruban d'argent entre la montagne Longue et un contrefort du Pouce, que furent la demeure de Mme de la Tour et celle de Marguerite; c'est là, dans cette *Vallée des Prêtres*, que se déroulent, dans le récit de Bernardin de Saint-Pierre, les scènes idylliques de l'heureuse enfance de Paul et Virginie. Mais vainement j'ai cherché à découvrir, au fond de ce site paisible et solitaire, les ruines des deux modestes habitations: je n'y ai aperçu que deux palmiers qui semblent symboliser les deux jeunes Créoles dont le souvenir, si vivant partout, est perdu sur les bords de la rivière des Lataniers, où il semble d'ailleurs que personne ne les ait jamais connus, au témoignage des voyageurs qui visitèrent l'île au temps même où parut le livre de Bernardin de Saint-Pierre.

J'ai passé une heure entière au sommet du Pouce, planant à vue d'aigle sur le joyau de la mer des Indes. Les grandes ombres projetées par les nuages sur les plaines verdoyantes faisaient mieux ressortir encore les flamboiements du soleil qui dorait les moissons de cannes à sucre. La plaine et la mer brillaient d'un éclat si insoutenable que mes yeux en étaient presque aveuglés. Et je suis descendu, ébloui, ému par cette splendide vision des tropiques.

Au lieu de reprendre la route du Port-Louis, j'ai voulu descendre par le revers opposé de la montagne; comme de ce côté la montagne est à pic, la descente vers la plaine de Moka se fait très rapidement par un sentier qui déroule ses lacets sur les flancs verticaux de l'énorme muraille basaltique sur laquelle s'appuie le piton du Pouce. Cette descente est aussi vertigineuse et aussi pittoresque que le fameux chemin de la Gemmi, dont elle semble être une copie sur une échelle réduite. C'est pourtant la route que suivent les campagnards qui veulent se rendre rapidement de Moka au Port-Louis : bien entendu, ils ne montent que jusqu'au plateau, et laissent à droite le piton du Pouce, qui domine le plateau d'environ trois cents mètres. Comme la plaine de Moka est à une altitude de trois cent cinquante mètres, l'ascension de la montagne est beaucoup plus courte du côté de Moka que par le revers qui regarde le Port-Louis.

Cette plaine de Moka, ainsi appelée parce qu'on y cultivait autrefois la précieuse fève de café importée d'Arabie, est une des régions les plus fertiles de l'île. Je l'ai traversée à pied, admirant les belles plantations d'ananas et les champs de cannes à sucre, au milieu desquels serpente la gracieuse rivière Baptiste, bordée d'une merveilleuse végétation de *calediums* géants.

Comme je passais la rivière, je vis, se baignant dans le clair cristal de l'onde, un vieil Indien qui n'avait d'autre vêtement que sa majestueuse barbe blanche : on eût dit, au milieu des plantes aquatiques, d'une apparition du dieu des eaux. Ayant contourné les deux massifs du Pouce et du Pieter-Booth, que relie l'un à l'autre une arête assez basse, j'atteignis la Laura, puis je gagnai le village de Saint-Pierre, où je retrouvai le chemin de fer qui me ramena à Curepipe dans la soirée.

## IV

### LES PAMPLEMOUSSES.

De tous les lieux de l'île Maurice, il n'en est point dont le nom soit plus connu que le quartier des Pamplemousses, depuis que l'auteur de *Paul et Virginie* a propagé ce nom dans le monde entier. De tout temps on a appelé ainsi ce quartier du nord de l'île, parce qu'il y croissait une espèce d'oranger (*aurantium decumana*) dont le fruit est appelé vulgairement « pamplemousse ». Ce fruit, qui ressemble au cédrat, ne se mange que sous forme de confiture. Son nom est la traduction française du mot tamoul « bambolmas », qui désigne cet arbre originaire de Java et probablement introduit à Maurice par les Hollandais.

Du Port-Louis aux Pamplemousses il n'y a qu'une demi-heure de chemin de fer, dans une magnifique plaine où l'œil erre à perte de vue sur les vagues dorées des cannes à sucre, et où la cime bizarre du Pieter-Booth forme le point de mire d'un paysage d'une grande beauté. On traverse le riant pays qu'arrose la rivière des Lataniers, et où, suivant le récit de Bernardin de Saint-Pierre, s'écoula l'enfance de Paul et Virginie; on passe ensuite au pied de la montagne Longue, près de cette baie du Tombeau où le corps

LE PIETER-BOOTH.

de Virginie fut retrouvé enseveli dans le sable, et l'on arrive ainsi à la gare des Pamplemousses, située à un kilomètre du village, dont l'église surgit à droite, et à deux kilomètres de l'observatoire, dont la coupole se dresse à gauche.

Une route charmante, qu'ombragent de grands figuiers de banian, des palmiers, des aloès arborescents, mène au village des Pamplemousses, dont la pauvreté actuelle contraste péniblement avec son ancienne splendeur. C'est ici que résidaient autrefois les gouverneurs de l'île de France, dans leur manoir de Montplaisir,

où fut signé, en 1810, le traité de paix entre la France et l'Angleterre ; cette demeure historique a été conservée et tranformée en
musée d'histoire naturelle, mais le dernier cyclone l'a fort endom-
magée en arrachant toute la véranda. Au temps où l'île Maurice
s'appelait l'île de France, l'aristocratie créole résidait dans ce riant
quartier des Pamplemousses, aujourd'hui complètement abandonné
à cause des fièvres qui en ont fait un des districts les plus insa-
lubres de l'île.

Le seul vestige qui subsiste du vieux Pamplemousses est l'église
qui surgit au milieu du village : elle porte, gravée sur la façade, la
date de 1756, et comme Bernardin de Saint-Pierre vint à l'île de
France en 1768, c'est bien celle dont il parle dans l'histoire de Paul
et Virginie, et dont il fait également mention dans son *Voyage à l'île
de France*. « Il y a, dit-il, trois églises dans l'île : la première au
Port-Louis, la seconde au port du Sud-Est, et la troisième, qui est
la plus propre, aux Pamplemousses (1). »

Cette vieille église des Pamplemousses, qui semble près de tomber
de vétusté, est d'un aspect romantique et triste, et l'on croit voir
planer sur elle la mélancolique auréole dont l'a enveloppée l'imagination du poète. Je me suis reposé plus d'une fois sous l'ombre
fraîche de sa nef, que supporte une belle charpente en bois du
pays, pareil au chêne. Et à l'aspect de cette maison de prière si
simple, si rustique, et aujourd'hui si déserte et si solitaire, je
m'imaginais ces figures douces et humbles dont Bernardin nous a
laissé l'impérissable souvenir, et je n'aurais pas éprouvé la moindre
surprise de voir errer leurs ombres dans ces lieux qu'il a décrits
avec son incomparable plume d'or. Je revoyais la scène des touchantes funérailles de Virginie, qu'on enterra « près de l'église des
Pamplemousses, sur son côté occidental, au pied d'une touffe de
bambous, où, en venant à la messe avec sa mère et Marguerite,
elle aimait à se reposer, assise à côté de celui qu'elle appelait alors
son frère ».

J'ai vainement cherché la touffe de bambous. Je savais pourtant
qu'on montrait aux Pamplemousses les deux tombes accouplées de
Paul et Virginie ; mais quand j'ai interrogé là-dessus les gens du
village, j'ai appris que les tombes ont disparu récemment. Elles se
trouvaient dans la propriété d'un planteur, et le vandale les a
détruites pour faire place à ses cultures de cannes à sucre. Un
Créole m'a conduit sur l'emplacement des sépultures, et m'a montré
l'endroit précis où il y avait naguère deux grossières petites statues
érigées en souvenir des deux amants : le site, envahi par les plantations, a perdu son primitif aspect de poétique solitude depuis
que, à quelques pas de là, on a établi une station de chemin de fer
où retentit le sifflet de la locomotive. Quant au monument ombragé

(1) *Voyage à l'île de France*, lettre XVII.

par des palmiers, qui se trouve au bout d'une des avenues du jardin des Pamplemousses, près de l'ancienne résidence de Montplaisir, c'est tout simplement un autel érigé en l'honneur de Flore par le gouverneur David, et qui, avec le temps, est devenu le « monument de Paul et Virginie ».

V

### LE PIETER-BOOTH.

Le Pieter-Booth est une montagne unique sur notre planète. La nature se répète souvent dans l'aspect des montagnes. En Afrique australe, presque toutes affectent la forme d'une table; ailleurs, elles prennent la forme de ballons, ou encore de pains de sucre, ou même de tours et de châteaux; mais il n'y a qu'un Pieter-Booth, et pour voir une montagne qui affecte une forme aussi extraordinaire, il faut aller à l'île Maurice. Comme la plupart des pics de cette île volcanique, le Pieter-Booth est un cône très élancé, mais ce cône diffère des autres par l'anormal appendice dont il est surmonté, et qui, suivant le lieu d'où on l'observe, ressemble tantôt à une tête humaine posée sur un colosse, tantôt à un grand oiseau assis sur la pointe d'un rocher, tantôt à un chapiteau couronnant le faîte d'un monument. Le miracle consiste en ce que le pinacle, qu'on l'appelle tête, oiseau ou chapiteau, est tellement aminci à sa base, qu'on ne peut comprendre par quelle dérogation aux lois de l'équilibre il peut tenir debout sur la pointe du cône ou sur les épaules du colosse. Aperçu d'une grande distance, par exemple, du haut des Plaines Wilhems, le pinacle se détache tellement du cône effilé, auquel il tient par une soudure à peine visible, qu'il semble en quelque sorte planer dans les airs et ne plus appartenir à la terre : c'est un aigle prêt à prendre son essor.

De tout temps le Pieter-Booth a dû tenter les audacieux par la forme extraordinaire de sa cime, et il n'est donc pas étonnant que cette cime ait eu son auréole funèbre bien avant le mont Cervin et d'autres géants des Alpes. Sans parler de la tradition d'après laquelle le premier qui y monta paya son audace de sa vie, de nos jours d'autres ont eu le même sort. Les Mauriciens n'ont point perdu le souvenir de deux marins français qui s'aventurèrent, il y a quinze ans, sur la montagne, et dont les cadavres furent retrouvés au pied du piton. Plus récemment, deux touristes qui avaient réussi à gagner le faîte du piton voulurent y passer la nuit; l'un d'eux, dans son sommeil, se laissa choir au fond des précipices

L'ascension du Pieter-Booth passe aux yeux des Mauriciens pour si téméraire, qu'il n'y a que deux blancs habitant l'île qui l'aient jamais faite, le juge Dempster et le révérend Pendavis, qui tous deux y sont montés plusieurs fois.

De la Laura, moulin à sucre situé au pied du versant sud du Pieter-Booth, on se rend à Crèvecœur, qui est peut-être le lieu le plus enchanteur de l'île Maurice : de ce point, situé dans une échancrure entre le Pieter-Booth et une ramification de la chaîne des Calebasses, l'œil s'égare sur la verdoyante vallée que domine le revers oriental de la montagne Longue, sur les pentes de laquelle

sont disséminées, au milieu de cultures maraîchères disposées en gradins, les cases indiennes en bambou et en feuilles de palmier, identiques à celles dont Bernardin de Saint-Pierre a fait une si exacte description dans le conte charmant de *la Chaumière indienne*. Cette tranquille et heureuse vallée, vrai paradis des tropiques, emprunte un charme particulier au souvenir de Paul et Virginie, que l'imagination se plaît à y voir cheminant deux à deux par les petits sentiers, sous l'abri d'une feuille de bananier. Cette superbe plaine qui chatoie au soleil au bout de la verte vallée, à deux lieues de distance, c'est la *plaine des Plamplemousses;* et, troublant contraste, cette baie qui brille au bout de la plaine, c'est la *baie du Tombeau*, où Virginie fut trouvée ensevelie dans le sable. Presque toute l'histoire des deux pauvres enfants s'est déroulée dans ce magnifique cadre que le regard embrasse des hauteurs de Crèvecœur.

## VI

### UNE ASCENSION PÉRILLEUSE.

Il était dix heures du matin quand nous pûmes enfin nous mettre en route. Nous abordâmes immédiatement les premières pentes du Pieter-Booth, par un charmant sentier en pente douce qui était un vrai chemin de roses. Mais les épines allaient venir. Sur les premiers contreforts de la montagne s'épanouit une de ces luxuriantes forêts tropicales qui, lors de l'arrivée des Européens, couvraient l'île entière, mais qui aujourd'hui ont fait place aux envahissantes

cultures de cannes à sucre. Nous fûmes bientôt dans la demi-nuit
de la forêt vierge, et là il n'y avait plus d'autre chemin que celui
que nous devions pratiquer nous-mêmes. Notre route était une
ravine étroite, s'ouvrant entre le Pieter-Booth proprement dit, qui
se dresse à droite, et un pinacle qui fait partie du massif qui relie
le Pieter-Booth au Pouce. Cette ravine a été creusée presque à pic
par les torrents et les cataractes qui se forment lors des grandes
pluies, et il nous faut grimper sur les roches anguleuses et les
pierres roulées dont elle est semée, et nous glisser à travers un
enchevêtrement confus de racines, de plantes épineuses, de lianes
et de parasites. Au-dessus de nos têtes, le feuillage des acacias et
des bois noirs forme une épaisse voûte de verdure que le soleil ne
peut traverser. Le travail consiste à se frayer un chemin au milieu

LE MORNE DES CRÉOLES.

de ce prodigieux fouillis de végétation, à écarter les épines, à franchir les arbres morts et les branches qui barrent le passage, parfois aussi à ramper sous ces obstacles et, quand un gros bloc de
rocher se dresse devant nous de toute sa hauteur, à s'aider des
branches et des herbes pour s'y hisser. C'est un travail absolument
différent de celui qu'offrent les ascensions dans les Alpes, et pour
s'y faire il faut, comme mes Malabars, avoir un peu la nature du
singe et être rompu aux difficultés spéciales des contrées tropicales.
Mes bottes glissent constamment sur le sol boueux, et dans mes
chutes je m'accroche soit à des piquants, soit à des branches de
bois mort, si bien que mon visage et mes mains ne sont bientôt
plus qu'une plaie.

Au bout de cette pénible escalade à travers la forêt, on débouche
sur une pente herbeuse qui s'étend du pinacle dont j'ai parlé jusqu'au pied du Pieter-Booth. Il faut contourner horizontalement
cette pente en hémicycle pour atteindre la portion du cône qu'on

appelle l'Épaule, et c'est là que commencent les véritables difficultés et les périls de l'expédition. Sur un tapis excessivement
rapide, complètement dépouillé d'arbustes, n'ayant d'autre végétation qu'une herbe à demi desséchée, il faut s'avancer lentement
et prudemment, l'œil plongeant constamment dans un abîme dont
la profondeur fait frissonner : qu'on vienne à glisser en cet endroit.
rien ne pourra vous arrêter dans une chute de mille pieds. Chaque
pas était une question de vie ou de mort, et je ne m'avançais
qu'avec les plus minutieuses précautions, ne faisant pas un mouvement sans m'accrocher des deux mains aux touffes d'herbe, et non
sans m'assurer tout d'abord qu'elles pouvaient offrir un secours
efficace, car beaucoup de ces touffes d'herbe, que la sécheresse
avait flétries, n'étaient que de perfides points d'appui. Ces précautions étaient d'autant plus nécessaires que mes chaussures n'étaient
pas ferrées, et que l'herbe était humide et glissante. A cette allure,
j'aurais bien fait quatorze lieues en quinze jours.

Nous arrivâmes bientôt à l'arête rocheuse qui relie au cône du
Pieter-Booth l'hémicycle que nous venions de franchir. Cette arête,
aiguë comme une lame de couteau, forme comme un pont aérien
entre deux abîmes dont les parois tombent à pic dans la plaine :
nous franchîmes sans accident ce dangereux passage, où le balancier d'un danseur de corde nous eût rendu de précieux services.

Au pied de l'Épaule, il y a un petit plateau rocheux où les
Indiens me firent quitter mon veston et mon chapeau, car ils
m'avertirent que la cime du Pieter-Booth est toujours balayée par
un vent terrible. Je dus également me déchausser, car nous allions
aborder le royaume du vertige, où l'on ne se fie qu'à l'étreinte des
mains et des orteils. Les Indiens, avec leur propension à la nonchalance, voulurent se reposer sur le plateau et fumer un « coconada » avant d'escalader l'Épaule ; mais j'insistai pour monter tout
de suite à l'assaut, car la vue de cet obélisque affreusement droit
me donnait la fièvre, et j'avais hâte d'en finir.

Nous attaquâmes donc ce petit mont Cervin, nous aidant des
crampons en fer, en forme de trapèze, qui ont été cimentés dans
le roc aux endroits où le mur est le plus raide. Mais Gopitchun eut
soin de m'avertir dès le début que je devais me méfier de ces
crampons, qui pouvaient céder sous mon poids : l'Indien, qui les
avait posés lui-même, devait bien savoir à quoi s'en tenir ! Je n'avais
pas même l'assurance que là où Gopitchun passerait heureusement
je pourrais passer de même, car ce petit Indien, léger comme une
plume, n'avait que la moitié de mon poids. Il fallut donc ici redoubler de prudence et répartir autant que possible le poids du corps
sur deux échelons à la fois, le pied reposant sur l'échelon inférieur
tandis que la main étreignait l'échelon supérieur ; or, comme les
échelons sont espacés de plus d'un mètre les uns des autres, ce
travail de gymnastique comportait de véritables tours de force. Çà

et là la série des échelons présentait des lacunes, et ce qu'il y avait de pis, c'est qu'en ces endroits la roche était meuble et friable, et qu'il fallait s'assurer, avant d'y accrocher les pieds et les mains, qu'elle pouvait supporter un homme : de gros quartiers de roc auxquels nous pensions nous suspendre se détachaient au simple contact, et je ne me rappelle pas sans frémir les effroyables paraboles que nous les voyions décrire dans le vide, jusqu'au moment où ils allaient se briser au fond des abîmes avec le bruit d'une décharge d'artillerie. Parfois le mur était si absolument perpendiculaire, que toutes les parties de notre corps étaient collées contre le roc. Je restai longtemps dans un de ces mauvais pas, comme paralysé par la peur, n'osant ni avancer ni reculer, et il fallut pourtant m'y tirer d'affaire tout seul, car les Indiens se refusaient obstinément à me prêter la moindre assistance, se bornant à m'encourager de la voix en me montrant « le bon chemin ». J'avoue qu'en fait de bon chemin ces Malabars ne sont pas difficiles !

Nous atteignîmes enfin la plate-forme sur laquelle repose le chapiteau ou champignon en saillie qui constitue le piton terminal : cette plate-forme est parfaitement plane, à peu près circulaire, et mesure environ dix mètres de diamètre; au centre est posé le chapiteau dont la base, qui, vue du pied de la montagne, semble n'être qu'une pointe, n'a pas moins de cinq mètres de largeur. Le chapiteau, qui, à vue d'œil, mesure quinze mètres de la base au sommet, a la forme d'un cône renversé : il surplombe sa base sur tout son pourtour, et en le voyant on s'explique à peine comment on a jamais pu venir à bout de l'escalader avant qu'on y eût fixé des crampons en fer. Cette tète de la montagne est constituée d'une roche basaltique identique à celle du corps de la montagne, et en l'examinant de près, on voit qu'au lieu d'être posée en équilibre sur une pointe comme elle paraît l'être à distance, elle est si intimement soudée avec la pyramide qu'elle fait corps avec elle, et l'on comprend ainsi que les ouragans ne peuvent la renverser.

La corde que nous avions emportée, et qui mesurait vingt mètres de longueur, devait nous procurer un très efficace supplément de sécurité dans l'escalade finale qu'il nous restait à faire. Il fallait d'abord amarrer cette corde au piton en fer qui occupe, au centre de la plate-forme terminale, le point culminant de la montagne, et ce fut Gopitchun qui se chargea de cette périlleuse opération préliminaire. Le petit Indien, vif et agile comme un chat sauvage, grimpa tout seul, à l'aide des crampons fixés en 1885 au pan du chapiteau qui surplombe le moins, et cela donnait le frisson de le voir, le dos renversé, ramper comme une mouche sur le paroi inférieure de cette masse à peu près sphérique qui déborde au-dessus d'un abîme de plus de cinq cents mètres de profondeur : les pieds et les mains accrochés aux crampons, il me faisait songer à cet aéronaute qui, ne pouvant faire fonctionner l'appareil communiquant avec la soupape, grimpa au haut de son ballon pour aller l'ouvrir; par suite de la convexité du chapiteau, nous le vîmes disparaître à mi-chemin, et quelques instants après, un cri parti d'en haut nous annonça qu'il avait atteint le faîte. Au bout de quelques minutes, nous vîmes descendre la corde que l'Indien faisait couler le long des crampons, et l'audacieux ne tarda pas à suivre la même route pour venir nous rejoindre sur la plate-forme où nous l'attendions. Nous montâmes alors, Gopitchun en tête, à la conquête du fameux piton, nous aidant à la fois de la corde et des crampons, saisissant d'une main un crampon, de l'autre la corde.

Le soleil était au zénith quand je m'élançai sur le faîte, heureux et fier d'avoir vaincu une des montagnes les plus inaccessibles du globe.

Le sommet du Pieter-Booth offre une petite terrasse à peu près carrée, de quatre à cinq mètres de côté, dont le centre est marqué par le piton de fer, solidement implanté dans le roc, auquel on amarre le câble.

A raison de la violence inouïe du vent et de la fraîcheur de l'air, qui contrastait si fort avec la température de la plaine, je ne pus séjourner que quelques minutes sur la cime.

La descente du chapiteau fut assez aisée, parce que nous pouvions nous aider de la corde, et nous arrivâmes, plus facilement que je n'eusse osé l'espérer, à la base du piton, d'où Gopitchun remonta au sommet pour aller détacher la corde. Mais il fallut déployer autant de sang-froid que de prudence au passage de l'Epaule, car à la descente d'une paroi à pic le problème se complique singulièrement de la vue du gouffre qui vous offre ses troublantes perspectives. Malheur à celui que le vertige ferait trembler sur ce mur auquel il faut se coller à la façon des lézards !

Jules LECLERCQ.

LA CÔTE MAURICIENNE

9 782014 089837